BEI GRIN MACHT SICH IHR WISSEN BEZAHLT

- Wir veröffentlichen Ihre Hausarbeit, Bachelor- und Masterarbeit

- Ihr eigenes eBook und Buch - weltweit in allen wichtigen Shops

- Verdienen Sie an jedem Verkauf

Jetzt bei www.GRIN.com hochladen und kostenlos publizieren

Bibliografische Information der Deutschen Nationalbibliothek:

Die Deutsche Bibliothek verzeichnet diese Publikation in der Deutschen Nationalbibliografie; detaillierte bibliografische Daten sind im Internet über http://dnb.d-nb.de/ abrufbar.

Dieses Werk sowie alle darin enthaltenen einzelnen Beiträge und Abbildungen sind urheberrechtlich geschützt. Jede Verwertung, die nicht ausdrücklich vom Urheberrechtsschutz zugelassen ist, bedarf der vorherigen Zustimmung des Verlages. Das gilt insbesondere für Vervielfältigungen, Bearbeitungen, Übersetzungen, Mikroverfilmungen, Auswertungen durch Datenbanken und für die Einspeicherung und Verarbeitung in elektronische Systeme. Alle Rechte, auch die des auszugsweisen Nachdrucks, der fotomechanischen Wiedergabe (einschließlich Mikrokopie) sowie der Auswertung durch Datenbanken oder ähnliche Einrichtungen, vorbehalten.

Impressum:

Copyright © 2016 GRIN Verlag, Open Publishing GmbH
Druck und Bindung: Books on Demand GmbH, Norderstedt Germany
ISBN: 9783668414037

Dieses Buch bei GRIN:

http://www.grin.com/de/e-book/355677/der-eichmann-prozess-der-begriff-des-handelns-und-seine-konsequenzen-nach

Dominik Hey

Der Eichmann-Prozess. Der Begriff des Handelns und seine Konsequenzen nach Hannah Arendt

GRIN Verlag

GRIN - Your knowledge has value

Der GRIN Verlag publiziert seit 1998 wissenschaftliche Arbeiten von Studenten, Hochschullehrern und anderen Akademikern als eBook und gedrucktes Buch. Die Verlagswebsite www.grin.com ist die ideale Plattform zur Veröffentlichung von Hausarbeiten, Abschlussarbeiten, wissenschaftlichen Aufsätzen, Dissertationen und Fachbüchern.

Besuchen Sie uns im Internet:

http://www.grin.com/

http://www.facebook.com/grincom

http://www.twitter.com/grin_com

Thema der Seminararbeit:

Hannah Arendt und die Kontroversen des Eichmann Prozesses
– eine kritische Ausführung

Inhaltsverzeichnis

1. Einleitung 1
2. Historische Einordnung 2
3. „Die Banalität des Bösen" 3
4. „Verbrechen gegen die Menschheit" 6
5. „Das Handeln" 9
6. Fazit und Ausblick 11
Literaturverzeichnis 13

„Was ist das nun - der klassische Fall pathologischer Verlogenheit, gepaart mit abgründiger Dummheit?"
(Hannah Arendt über Adolf Eichmann, 1963)

1. Einleitung

Das Seminar *„Pluralität, Urteilskraft und politisches Handeln. Hannah Arendt im Spiegel neuerer Konzepte zur politischen Bildung"*, das die Grundlage für diese Hausarbeit darstellt, thematisierte die Bedeutsamkeit der Werke der politischen Philosophin Hannah Arendt für die aktuelle Neugestaltung von Ansätzen politischer Bildung in unserer heutigen Gesellschaft. Zu Beginn des Seminars wurde zunächst auf Problembereiche politischer Bildung eingegangen, unter anderem auf das Verständnis von Kultur im Zusammenhang mit Gruppenzugehörigkeiten. Im weiteren Verlauf ging es um Hannah Arendts Überlegungen zur Pluralität, die als Bedingung des Handelns und Sprechens, die Diversität der Menschen offenbart.

Dieser Aspekt des politischen Handelns soll nun von der vorliegenden Hausarbeit näher beleuchtet werden. Wie das obige Zitat erahnen lässt, soll es hierbei insbesondere um den Eichmann Prozess in Jerusalem gehen, dem Arendt als Pressebeobachterin 1961 beiwohnte. 1963 veröffentlichte Arendt ihr Buch *„Eichmann in Jerusalem. Ein Bericht von der Banalität des Bösen."*, das weltweit kontrovers diskutiert wurde und den Ausgangspunkt dieser Ausarbeitung bilden soll. Zentrales Thema hierbei, sollen verschiedene Formen des politischen Handelns sein, die im Seminar erarbeitet worden sind und die Kontroversen aus Hannah Arendts Werk *„Eichmann in Jerusalem"*. Dabei soll die Frage, inwieweit das Handeln Adolf Eichmanns, unter Berücksichtigung der Kontroversen aus dem Buch und Hannah Arendts Überlegungen zum politischen Handeln in Verbindung stehen, mithilfe von adäquater Literatur kritisch beantwortet werden.

Um eine grobe Orientierung zu ermöglichen, erfolgt zunächst eine kurze historische Darstellung des Eichmann Prozesses 1961 und der Rolle, die Arendt dabei einnahm. Darauf aufbauend findet die Analyse von zwei der wichtigsten Kontroversen aus Hannah Arendts Werk statt. Dazu wird als erstes die „Banalität des Bösen" betrachtet, um anschließend auf die „Verbrechen gegen die Menschheit" einzugehen. Zuletzt werden Arendts Überlegungen zum „Handeln" Gegenstand der Untersuchung. Dabei soll versucht werden ein Transferprozess zwischen den erarbeiteten Ergebnissen und den Kontroversen aus Hannah Arendts Werk herzustellen, um abschließend einen zusammenfassenden Überblick und einen Ausblick unter Berücksichtigung der genannten Fragestellung zu geben.

2. Historische Einordnung

Am 11. April 1961 begann ein Gerichtsverfahren, das der Staat Israel gegen den ehemaligen SS-Obersturmbannführer Adolf Eichmann führte und das ab diesem Zeitpunkt in der Öffentlichkeit als „Eichmann-Prozess" bekannt wurde (vgl. Arendt 1986, S. 1 ff.). Ein Jahr zuvor hatte der israelische Geheimdienst den Angeklagten in Argentinien entführt und nach Israel gebracht, wo am 23. Mai 1960 der Haftbefehl gegen Adolf Eichmann erlassen wurde. Der Prozess endete am 15. Dezember 1961 mit dem Urteil der Todesstrafe, das am 1. Juni 1962 vollstreckt wurde (vgl. ebd.).

Der Verurteilte Eichmann gilt auch heute noch in der Öffentlichkeit als Verantwortlicher für den Mord an mehr als 5 Millionen Juden und als eine der Schlüsselfiguren bei der „Endlösung der Judenfrage". Adolf Eichmann war Leiter der Reichszentrale für jüdische Auswanderung in Berlin und Referatsleiter für „Judenangelegenheiten" im Reichssicherheitshauptamt und war somit mit der geplanten Deportation der Juden und der Ermordung in Konzentrations- und Vernichtungslagern beauftragt und maßgeblich für die praktische Umsetzung mitverantwortlich. Nach Ende des zweiten Weltkrieges konnte er sich über die sogenannten „rat lines" nach Argentinien absetzen, wo er fortan mit gefälschten Papieren bis zu seiner Entführung nach Israel lebte (vgl. Cesarani 2004).

Der „Eichmann-Prozess" in Jerusalem sorgte ab dem ersten Tag für großes Interesse in der internationalen Öffentlichkeit, nicht nur weil Adolf Eichmann „als der eigentlich Verantwortliche für die Ausführung der „Endlösung" der Judenfrage in Europa angesehen wurde" (Arendt 1986, S. 1), sondern auch, weil man sich durch das Gerichtsverfahren Aufklärung über die Geschehnisse und Verbrechen an der Menschheit während des Nationalsozialismus versprach (vgl. ebd.).

In dem Buch „Eichmann in Jerusalem. Ein Bericht von der Banalität des Bösen." schildert die jüdische Theoretikerin Hannah Arendt das Gerichtsverfahren gegen Adolf Eichmann. Arendt war von der Wochenzeitschrift „The New Yorker" als Pressebeobachterin nach Jerusalem gesandt worden, um aktuell über das Prozess-Geschehen berichten zu können (vgl. Arendt 1986, S. 2 f.). Was zunächst als einzelner Artikel geplant war, entwickelte sich mit der Zeit zu einem Essay, das in fünf aufeinanderfolgenden Ausgaben des „New Yorker" erschien. Ab 1963 veröffentlichte Hannah Arendt den überarbeitete Artikel als Buch, das seit dem weltweit für Kontroversen sorgt und „somit einen Meilenstein für die kontroverse Auseinandersetzung um die Wahrnehmung des Holocaust als negativem Zentralereignis des Zweiten Weltkrieges dar[stellt]" (Gallas 2011).

3. „Die Banalität des Bösen"

Die erste Kontroverse um Hannah Arendt und den Eichmann-Prozess, fand ihren Ursprung im Untertitel des Buches „Eichmann in Jerusalem. Ein Bericht von der Banalität des Bösen." Diese Aussage Arendts führte zu einer sehr hohen Divergenz in der Weltöffentlichkeit. Zu leicht ist der Schluss, dass Arendt die Taten Eichmanns als banal ansah oder sie wenigstens zu minimieren versuchte. Ganz im Gegenteil, lässt sich „Banalität" hier aber als die Allgegenwärtigkeit und die Selbstverständlichkeit des Bösen in der Natur eines jeden Menschen betrachten. Diese Missinterpretationen, bzw. Deutungsunterschiede sind zu Teilen auch der Übersetzung vom Englischen ins Deutsche geschuldet.

Hannah Arendt bezeichnet Adolf Eichmann als „normalen" Menschen, der das Potenzial des Bösen in der Zeit der arbeitsteiligen Moderne, wie viele andere auch, in sich trägt (vgl. Arendt 1986, S. 54 f.). Die verbrecherische Natur seiner Handlungen stellt ihrer Meinung nach keine Ausnahme im Dritten Reich dar. Vielmehr verkörpern die Personen, die sich zu dieser Zeit, im Gegensatz zu Eichmann, ein „normales Empfinden" bewahrt haben, die Ausnahme der traurigen Regel (vgl. ebd.). Auch die zahlreichen Psychiater, die Eichmann nach seiner Verhaftung untersuchten, kamen nicht nur zu dem Schluss, dass er „normal" sei, sondern darüber hinaus „Eichmanns ganzer psychologischer Habitus, seine Einstellung zu Frau und Kindern, Mutter und Vater, zu Geschwistern und Freunden, „nicht nur normal, sondern höchst vorbildlich" sei" (Arendt 1986, S. 53).

Trotz alledem unterstreicht Arendt die Tatsache, dass sich Eichmann hätte anders entscheiden können, wenn er es gewollt hätte, da dies ihrer Auffassung von Willensfreiheit entspricht. Hannah Arendt nennt in diesem Zuge Beispiele für Personen (z.B. den Unteroffizier Anton Schmidt, der hunderten Juden das Leben rettete und dafür mit seinem Leben bezahlte) oder auch den Staat Dänemark, der versuchte das Vernichtungsprogramm der deutschen Regierung zu sabotieren. Adolf Eichmann handelte jedoch nicht so, sondern vielmehr bewusst und vorsätzlich, mit Wissen und Wollen und ist somit auch schuldig und verantwortlich für seine verbrecherischen Handlungen. Eichmann hatte das Bewusstsein, als gesetzestreuer Bürger gehandelt und lediglich seine Pflichten erfüllt zu haben, in dem er den Befehlen des Führers und dem Gesetz gehorchte (vgl. Arendt 1986, S. 173 ff.). Zudem führt Arendt in diesem Zusammenhang an, dass Eichmanns Motiv, das ihn zu seinen verabscheuungswürdigen Handlungen angetrieben hat, „nicht Fanatismus, sondern eine echte, „maßlose Hitlerverehrung"" war (Arendt 1986, S. 187 f.).

Das Gericht in Jerusalem klagte Adolf Eichmann an, „Verbrechen gegen das jüdische Volk, Verbrechen gegen die Menschheit und Kriegsverbrechen" begangen zu haben. Dennoch charakterisiert sich Eichmann selber nur als Zahnrädchen in der Maschinerie des Nationalsozialismus und antwortet auf jeden Punkt der Anklage: *„Im Sinne der Anklage nicht schuldig"* (Arendt 1986, S. 48). Er bekennt sich nicht nur *„nicht schuldig"*, sondern streitet darüber hinaus auch ab, jemals einen jüdischen oder nicht-jüdischen Menschen umgebracht oder den Befehl zur Tötung gegeben zu haben (vgl. Arendt 1986, S. 49 f.). Er habe mit der Tötung der Juden im Allgemeinen nichts zu tun gehabt, *„es habe sich eben so ergeben, daß er es niemals tun mußte, [aber][...] er ließ keinen Zweifel daran aufkommen, daß er seinen eigenen Vater getötet hätte, wenn es ihm befohlen worden wäre"* (Arendt 1986, S. 49).

Arendt beschäftigte sich bereits lange vor dem Eichmann-Prozess, in ihrem Essay *„Organisierte Schuld"*, mit der Frage, wie *„vollkommen durchschnittliche Menschen, die von Natur aus weder böse noch gut waren, ein so ungeheuerliches Unheil anrichten konnten"* (Arndt an Scholem 1963, S. 459). Sie weist darauf hin, dass der *„Verwaltungsmord"* der Nationalsozialisten das Gesamtdeutsche Volk zur Durchführung benötigte und dadurch der einfache, normale Mensch zum Mittäter fungierte (vgl. Arendt 1946, S. 39 ff.). Nach Arendt verliert das Böse während des Dritten Reiches das Charakteristikum, an dem es die Menschen normalerweise erkannt hätten und tritt nicht mehr als tradierte Versuchung auf (vgl. Arendt 1986, S. 189). Das Schlimmste an der Person Eichmann und anderer Nationalsozialisten war für Arendt, das sie so *„schrecklich und erschreckend normal waren und sind"* (Arendt 1986, S. 326). Diese Normalität, diese *„Banalität des Bösen"*, die in dem neuen Verbrechertypus manifestiert war, implizierte, dass der Täter *„unter Bedingungen handelt, die es ihm beinahe unmöglich machen, sich seiner Untaten bewusst zu werden"* (ebd.).

Hannah Arendt schließt ihren Eichmann-Bericht mit Worten, die tiefgründiger und treffender zugleich nicht sein könnten: *„In diesen letzten Minuten war es, als zöge Eichmann selbst das Fazit der langen Lektion in Sachen menschlicher Verruchtheit, der wir beigewohnt hatten – das Fazit von der furchtbaren ‚Banalität des Bösen', vor der das Wort versagt und an der das Denken scheitert"* (Arendt 1986, S. 300).

4. „Verbrechen gegen die Menschheit"

Abschließend thematisiert Hannah Arendt, nach ihrem Bericht des Eichmann-Prozesses, die Einordnung des Urteils in die internationale Rechtsentwicklung im Epilog ihres Buches *„Eichmann in Jerusalem. Ein Bericht von der Banalität des Bösen."*. Ihrer Betrachtungsweise nach, stellte die Vernichtung der Juden ein *„Verbrechen gegen die Menschheit, begangen am jüdischen Volke"* (Arendt 1986, S. 318) dar. Diese Ansicht führte zu einer weiteren Kontroverse, da sich viele jüdische Zeitgenossen verraten fühlten und Arendt eine Schmälerung der jüdischen Leidenserfahrung vorwarfen (vgl. Krummacher 1964; oder auch Gaus 1964). Dies war aber keineswegs die Absicht die Arendt mit dieser Aussage verfolgte, sondern vielmehr die Tatsache, dass die Verbrechen Eichmanns und der anderen Nationalsozialisten im Dritten Reich, an der Menschheit als Ganzes, begangen wurden. Für Hannah Arendt war die Bedeutung der Begrifflichkeit *„Menschheit"* in diesem Zusammenhang essenziell. Sie schreibt in ihrem Epilog, dass *„[w]eder das nationale Verbrechen der legalisierten Diskriminierung noch das internationale Verbrechen der Vertreibung [...] neu oder beispiellos [waren]"* (Arendt 1986, S. 318). Als Beispiel nennt Arendt legale Diskriminierung in den Balkanländern oder Massenvertreibungen als Folge aller Revolutionen im 20. Jahrhundert (vgl. ebd.). Das neuartige Verbrechen, nämlich das *„Verbrechen an der Menschheit"* kam erst dann zum Vorschein, als das Naziregime nicht nur keine Juden mehr in Deutschland duldete, sondern Pläne äußerte das gesamte jüdische Volk von der Erde zu liquidieren. Hier manifestiert sich laut Arendt das wahre Verbrechen, das Verbrechen *„an dem „Status des Menschseins" oder an dem Wesen des Menschengeschlechtes"* (Arendt 1986, S. 319).

Die Autorin kritisiert auch, dass das Gericht in Jerusalem nicht zwischen Diskriminierung, Vertreibung und Völkermord differenziert und die Bedeutung des größten Verbrechens (*„die physische Ausrottung des jüdischen Volkes"*) nicht versteht. Beim *„Verbrechen an der Menschheit"* geht es Arendt um die Natur des Verbrechens und die Wahl des Opfers, in diesem Falle die Juden, stellt in gewisser Weise eine Art Variable dar (vgl. Arendt 1986, S. 317 ff.) Betrachtet man die Opfer als Juden, wäre ein Gerichtsverfahren in Israel gerechtfertigt, *„aber insoweit das Verbrechen ein Verbrechen an der Menschheit war, hätte es eines internationalen Tribunals bedurft, um in dieser Sache Recht zu sprechen"* (Arendt 1986, S. 318). Aus diesem Grund befürwortete Hannah Arendt auch eine Verurteilung Eichmanns vor einem internationalen Gerichtshof, was zu dieser Zeit jedoch noch nicht ohne weiteres umsetzbar war (vgl. Arendt 1986, S. 316 ff.). Neben Arendt vertrat auch Karl Jaspers den Standpunkt, dass die Taten der Nationalsozialisten *„Verbrechen an der Menschheit"* waren und auch die Nazi-Ideologie, mit den Menschen als Marionetten des *„Führers"*, als Angriff auf die Menschheit überhaupt gewertet werden kann (vgl. Arendt 1986, S. 319 f.).

Das Londoner Statut, das die rechtliche Grundlage für die Nürnberger Prozesse ausmachte, gewährte Gerichtsbarkeit über drei Arten von Verbrechen, zu dem auch das *„Verbrechen gegen die Menschheit"* gehörte, das normalerweise vor einem internationalen Gerichtshof verhandelt werden müsste. (vgl. Arendt 1986, S. 303 f.). Arendt aber konstatiert, dass das Gesetz, auf Grund dessen Eichmann vor dem Jerusalemer Gericht angeklagt war, nämlich das Gesetz zur Bestrafung der Nazis und ihrer Helfershelfer von 1950, unangemessen ist, da es *„den Tatbeständen nicht gerecht [wird]"* (Arendt 1986, S. 321). Als Begründung führt sie an, dass ein Mörder nicht strafrechtlich verfolgt wird, weil er die Familie XY ermordet hat, sondern weil er *„gegen das Gesetz der Gemeinschaft"* (ebd.), dem ja sowohl Mörder als auch Opfer angehören, verstoßen hat. Deshalb müssen Eichmann und die anderen *„administrativen Massenmörder"* (ebd.) vor Gericht angeklagt werden, weil sie die Ordnung der Menschheit verletzt haben und nicht weil sie soundso viele Menschen umgebracht haben (vgl. Arendt 1986, S. 321 f.). An dieser Stelle wird die Begründung der Kontroverse um das *„Verbrechen an der Menschheit"* nochmals verdeutlicht. Hannah Arendt möchte, dass man zwischen Mord und Völkermord differenziert, damit das Individuum ein Verständnis für diese neue Art von Verbrechen entwickelt und ein internationales Strafrecht herausgebildet werden kann, um die mögliche Wiederholung der von den Nationalsozialisten begangenen Verbrechen zu verhindern bzw. zu verhandeln (vgl. Arendt 1986, S. 321 f.).

Arendt nennt im Text Faktoren, wie die moderne Bevölkerungsexplosion oder die fortschreitende technisierte Automatisierung, die eine solche Wiederholung der Gräueltaten durchaus wahrscheinlich macht und betont die damit einhergehende Bedeutung der richtigen Behandlung eines Präzedenzfalles, wie dem *„Verbrechen an der Menschheit"*, um für die Zukunft einen angemessenen Maßstab des Richtens zu haben (vgl. Arendt 1986, S. 323). Sie präzisiert ihre Überlegungen mit der Hervorhebung des Völkerrechts und dem Mangel an der Durchsetzung eines adäquaten internationalen Strafrechts (vgl. ebd.).

Abschließend geht die Autorin noch auf den Erfolg, bzw. Misserfolg des Eichmann-Prozesses ein, da sie sie zusammenfassend sagt, dass das Jerusalemer Gericht drei fundamentale, bereits seit den Nürnberger Prozessen bekannte Probleme nicht zufriedenstellend verhandelt. Zum einen nennt sie die Beeinträchtigung der Gerechtigkeit und Billigkeit in einem Gerichtshof des Siegers, zum anderen die Klärung des neuen *„Typus des Verwaltungsmörders"*, dem auch Eichmann angehörte (vgl. Arendt 1986, S. 324). Das dritte angesprochene Grundsatzproblem, dem das Jerusalemer Gericht nicht gerecht wurde, betrifft das *„Verbrechen gegen die Menschheit"*. Neben der Definition aus dem Londoner Statut, welches dem Verbrechen *„unmenschliche Handlungen"* zuordnet, was in der deutschen Übersetzung zu *„Verbrechen gegen die Menschlichkeit"* wurde und Arendt deshalb als *„das Understatement des Jahrhunderts"* bezeichnete, kritisierte sie des Weiteren, dass der Unterschied zwischen *„unmenschlichen Handlungen"* und dem beispiellosen *„Verbrechen an der Menschheit"* vor Gericht nicht ausreichend geklärt wurde (vgl. Arendt 1986, S. 325 f.). Die Auslöschung ganzer Völker, egal welcher Ethnie, verletzt und gefährdet laut Arendt nicht nur die völkerrechtliche Ordnung der Welt, sondern auch die Menschheit im Gesamten. Wegen dieser Gründe gesteht Hannah Arendt dem Jerusalemer Gericht ein gewissen Maß an Versagen ein, auch wenn *„das Versagen des Prozesses weder im Charakter noch im Ausmaß grö-*

ßer war als das Versagen der Nürnberger oder Nachfolgeprozesse in anderen europäischen Ländern" (Arendt 1986, S. 324).

5. „Das Handeln"

Der nachfolgende Abschnitt dieser Hausarbeit soll sich mit Hannah Arendts Werk „Vita activa oder Vom tätigen Leben" und dabei insbesondere mit dem fünften Kapitel „Das Handeln" beschäftigen. Hierbei sollen zum einen Arendts Überlegungen zum „Handeln" Gegenstand der Untersuchung werden, zum anderen soll festgestellt werden, inwieweit sich diese Ansätze auf die vorangegangen Kapitel und z.b. auf die Taten und die Person Eichmann projizieren lassen.

Als zentralen Dreh- und Angelpunkt in ihrem Werk „Vita activa oder Vom tätigen Leben" (Kap. 5) nennt Hannah Arendt die „Enthüllung der Person im Handeln und Sprechen" (Arendt 1981, S. 164). Sie beschreibt, dass das Handeln eine Tugend bzw. eine Art Privileg des Menschen ist, dieser sich gleichzeitig aber auch durch sein spezifisches Handeln und Sprechen definiert. Des Weiteren äußert sich menschliche Pluralität, die gleichzeitig die Grundbedingung des Handelns ist, in der Gleichheit und Verschiedenheit des Menschen (vgl. ebd.). Laut Arendt führen erst diese Gemeinsamkeiten und Unterschiede zur Existenzberechtigung des Menschen, aber auch zu seiner Fähigkeit durch handeln und sprechen miteinander zu kommunizieren. Von allen Lebewesen auf dieser Welt, besitzt allein der Mensch die Fähigkeit „diese Verschiedenheit aktiv zum Ausdruck zu bringen" (Arendt 1981, S. 165). Sie ermöglicht es, sich von anderen zu unterscheiden, sich vielleicht sogar von ihnen abzuheben und der Welt etwas mitzuteilen. So schreibt die Autorin, dass die menschliche Diversität die „paradoxe Eigenschaft" hat, einerseits gleich, andererseits einzigartig zu sein (vgl. Arendt 1981, S. 165 f.).

Betrachtet man nun die Person Adolf Eichmann, so stellt sich die Frage, wo sich diese „Art von Mensch" einordnen lässt. Auch er hat durch sein spezielles Handeln die Verschiedenheit und Einzigartigkeit seines Menschseins zum Ausdruck gebracht. Ob die Hintergründe seiner Taten nun der blinde Gehorsam einer grausamen Ideologie oder der Versuch sich selbst von „*[a]nderen zu unterscheiden*" oder sich „*vor ihnen auszuzeichnen*" war, es wirft die Frage auf, ob und wann ein Mensch, der „*Verbrechen gegen die Menschheit*" begeht, seinen Status als Mensch bzw. seine Daseinsberechtigung verliert. In diesem Kontext könnte man Arendt zitieren, die schreibt: „*Das Leben eines Sklavenhalters, eines Ausbeuters, oder eines Parasiten mag moralisch anfechtbar sein, es ist [aber] immer noch eine spezifisch menschliche Weise zu existieren*" (Arendt 1981, S. 165).

In einem weiteren Absatz ihres Werkes spricht Hannah Arendt davon, dass es im Bereich des menschlichen Miteinanders zu Situationen bzw. Phasen der Fremdheit und Verlassenheit kommen kann. Sie beschreibt dort politische Konstellationen „*in Zeiten des Untergangs, des Verfalls und der politischen Korruption*", die in der Lage sind das menschliche Miteinander zu zerstören (vgl. Arendt 1981, S. 178 f.). Diese Verdunklung führt dazu, dass die Menschen in ihrem Handeln und Sprechen nicht mehr in Erscheinung treten und sich dadurch untereinander fremd fühlen. „*In diesem Zwielicht [...] gewinnen die Gestalten der Fremdlinge unter den Menschen, die Heiligen und die Verbrecher, ihre Chance*" (Arendt 1981, S. 179). In diesem Kontext könnte man auch Eichmann als „*Fremdling*" betrachten, der durch die politischen Gegebenheiten zu seiner Zeit, den richtigen Weg in der Dunkelheit der Verlassenheit verloren hat und sich dem Bösen hingegeben hat. Dieser Umstand rechtfertigt aber keineswegs die begangenen Handlungen, denn „*[nur] weil sich der Handelnde immer unter anderen, ebenfalls handelnden Menschen bewegt, ist er niemals nur ein Täter, sondern immer auch zugleich einer, der erduldet*" (Arendt 1981, S. 182). Nach Arendt gehören Handeln und Dulden immer zusammen, deshalb kann man Eichmann von diesem Standpunkt aus, auch ein Erdulden der Gesamtsituation vorwerfen.

In einem weiterführenden Abschnitt beschäftigt sich Hannah Arendt mit der Reaktion auf Verfehlungen, bzw. Handlungen mit negativem Einfluss. Eine Möglichkeit stellt die Rache dar, die jedoch laut Arendt in einer endlosen Kettenreaktion des „Re-agierens" mündet und dem Menschen gleichzeitig die Fähigkeit zu „agieren" beraubt (vgl. Arendt 1981, S. 235). Als logische Konsequenz nennt sie den „Akt des Verzeihens" der einen Neuanfang darstellt und „die einzige Reaktion [ist], auf die man nicht gefaßt sein kann" (Arendt 1981, S. 235). Die Autorin beschreibt das Verzeihen als etwas Heilendes, das zwar aus der Vergangenheit provoziert wird, aber nicht von ihr bedingt ist. Zuletzt stellt sich also die Frage, inwieweit einem Menschen wie Adolf Eichmann, von seinen Opfern und deren Nachfahren verziehen werden kann und darf. Nach Arendt ist das Verzeihen eine ursprüngliche Handlung, die „von den Folgen dieser Vergangenheit sowohl denjenigen befreien [kann], der verzeiht, wie den, dem verziehen wird" (Arendt 1981, S. 236). Diese Handlung, die ihren Anfang bei den Menschen haben muss, denen Leid zugefügt worden ist, beschreibt sicherlich die schwierigste menschliche Art zu handeln.

6. Fazit und Ausblick

Die vorliegende Arbeit sollte die Kontroversen des Eichmann Prozesses und Hannah Arendts Ansatz des menschlichen „Handelns" thematisieren. Die Untersuchung ermöglichte eine neue und differenzierte Sichtweise auf die Person Adolf Eichmann und Hannah Arendts Auffassung des Gerichtsverfahrens in Jerusalem. Arendt konstatiert die Allgegenwärtigkeit des Bösen in der menschlichen Natur und deckt die erschreckende Normalität des Verbrechers Eichmann auf. Die Arbeit zeigt, wie ein normaler Mensch, geführt durch eine falsche Ideologie, Verbrechen eines grausamen Ausmaßes begehen kann, ohne Einsicht für die Verfehlungen seines Handelns. Gleichzeitig unterstreicht die Herangehensweise Arendts an die Thematik, die Wichtigkeit der Verarbeitung der Holocaust-Verbrechen, auch mit Hinblick auf eine Vermeidung ähnlicher Gräueltaten in der Zukunft.

Eine weitere Problematik, die sich im Laufe der Arbeit herausgebildet hat, ist die Schwierigkeit der richtigen Definition der „Verbrechen gegen die Menschheit". Arendt stellt fest, dass ein internationales Verfahren angemessener gewesen wäre, auch unter dem Aspekt der weitreichenden Streuung der Opfer innerhalb der Menschheit. Im letzten Teil der Arbeit konnte abschließend eine Verbindung zwischen den Kontroversen des Eichmann-Prozesses und Hannah Arendts Handlungsbegriff hergestellt werden, wodurch nochmals die Bedeutung menschlichen Handelns in einer Gesellschaft deutlich wird. Ergo bleibt die Frage offen, wie man Verbrechern wie Eichmann angebracht begegnen sollte und wie sich deren Handlungen und Taten gegebenenfalls erklären lassen.

Sinn und Zweck des Eichmann-Prozesses bestand laut Arendt darin, *„Recht zu sprechen und der Gerechtigkeit Genüge zu tun"* (Arendt 1986, S. 302). Hierbei stellt sich zuletzt nur noch die Frage, ob dies auch in angemessener Weise erfolgt ist. Diese Frage in Kombination mit den von Arendt aufgeworfenen Aspekten der gerichtlichen Zuständigkeit des Jerusalemer Gerichts, bzw. der Bildung eines internationalen Strafgerichtshofes und die Verletzung des Völkerrechts durch das Jerusalemer Gericht, könnten die Grundlage für eine weiterführende Fragestellung sein, die jedoch im Umfang dieser Hausarbeit leider nicht zu beantworten ist.

Literaturverzeichnis

Arendt, H. (1946). Organisierte Schuld. Die verborgene Tradition, Frankfurt/M. S. 39-43.

Arendt, H. (1981). Vita activa oder Vom tätigen Leben. Piper, München. S. 164-243.

Arendt, H. (1986). Eichmann in Jerusalem: ein Bericht von der Banalität des Bösen. Piper Verlag.

Cesarani, D. (2004). Adolf Eichmann: Bürokrat und Massenmörder; Biografie. Propyläen-Verlag.

Gallas, E. (2011). Hannah Arendt und der Eichmann-Prozess. Eine doppelte Überschreibung, in: Zeitgeschichte-online, November 2011, URL: http://www.zeitgeschichte-online.de/kommentar/hannah-arendt-und-der-eichmann-prozess [11.10.2016, 21:30]

Gaus, G. (1964). Was bleibt? Es bleibt die Muttersprache. In: Hans-Dieter Schütt (Hrsg.): Günter Gaus: Was bleibt sind Fragen. Die klassischen Interviews. Ullstein, Berlin 2005. (Mitschrift des preisgekrönten Fernsehinterviews Hannah Arendt im Gespräch mit Günter Gaus vom 28. Oktober 1964, unter anderem über ihr Eichmann-Buch)

Knott, M. L. (2010). Hannah Arendt–Gershom Scholem. Die Konstellation. Hannah Arendt an Gershom Scholem 14. September 1963, Der Briefwechsel, Suhrkamp. S. 457-459.

Krummacher, F. A. (1964). Die Kontroverse Hannah Arendt, Eichmann und die Juden, München.

BEI GRIN MACHT SICH IHR WISSEN BEZAHLT

- Wir veröffentlichen Ihre Hausarbeit, Bachelor- und Masterarbeit

- Ihr eigenes eBook und Buch - weltweit in allen wichtigen Shops

- Verdienen Sie an jedem Verkauf

Jetzt bei www.GRIN.com hochladen und kostenlos publizieren